NOTICE NÉCROLOGIQUE

SUR

M. L.-F.-M. MENOUX

ANCIEN PRÉSIDENT DE LA SOCIÉTÉ D'ÉDUCATION DE LYON.

(Lue en séance publique, le 30 juillet 1857.)

LYON

A. BRUN ET COMPAGNIE,

Libraires de l'Académie et des Écoles.

1858

NOTICE NÉCROLOGIQUE

SUR

M. LOUIS-FRANÇOIS-MARIE MENOUX

Ancien Président de la Société d'Éducation.

(Lue en séance publique, le 30 juillet 1857).

Il y a témérité à venir, au milieu des joies de la solennité qui nous rassemble, réveiller des souvenirs douloureux, et mêler de lugubres paroles à l'éclat et à l'élégance du langage que promet la réunion de ce jour. C'est que, dans cette réunion, tout me rappelle une noble vie éteinte, que nous entourions de notre vénération, de notre amour ; c'est que l'oubli ne peut, ne doit pas l'atteindre. Car l'oubli, c'est l'indifférence, e'est l'ingratituide, c'est l'injustice ; et nous ne pouvons être ni indifférents, ni injustes, ni ingrats pour la mémoire de notre ancien président, M. Louis-François-Marie Menoux, décédé à l'âge de 86 ans, le 31 juillet 1855.

Des voix éloquentes, dont l'une surtout accoutumée aux triomphes de la tribune et du barreau, des plumes exercées ont payé leur tribut de regrets au souvenir de l'homme de bien que, pendant plusieurs années, nous avons vu avec orgueil, nous avons entendu avec bonheur au sein de notre société. J'ose entreprendre, après de tels panégyristes, le même sujet, précisément parce qu'il n'y a aucune comparaison à établir entre leur célébrité et la faible voix de votre collègue qui ne parle que parce que vous êtes tout bienveillants pour lui, et qu'il semble destiné à vous raconter l'étendue de vos pertes, en vous disant les vides que la mort a faits dans nos rangs. Un jour, c'était de M. Richard que je vous entretenais ; une autre fois, j'essayais, sur la tombe de M. Guillard père, d'être l'interprète de votre estime et de vos regrets ; en 1851, votre attention accueillit mon adieu suprême à M. Clermont ; plus tard, nous déplorions ensemble la mort prématurée de M. Villermoz. Et voilà qu'aux noms aimés de ces honorables collègues dont la mémoire ne peut périr parmi nous, il faut que j'ajoute aujourd'hui un autre nom qui se traduit par tout ce qu'une longue carrière, pleine des ressources de l'esprit et des trésors du cœur, peut présenter de plus accompli, de plus regrettable.

Aussi, depuis que nous avons perdu M. Menoux, nous avons poursuivi le cours de nos travaux, dans une silencieuse douleur ; nous n'avons pas eu de ces séances que nos statuts ont consacrées à rendre le public témoin, confident, juge de ce que nous disons pour justifier le titre que nous avons pris de *Société d'Éducation*. Il nous semblait que nous ne pouvions nous présenter sans lui devant ce concours d'auditeurs d'élite à qui sa présence inspirait un si tendre, un si profond respect, et qu'il intéressait par le charme et l'autorité de sa parole. Nous n'avons donc pu, pendant deux années entières, lui offrir publiquement l'hommage de nos regrets toujours nouveaux. Qu'ils éclatent dans ce jour qui touche au jour anniversaire de sa mort ! Que sa belle âme nous entende et accueille les témoignages les plus sincères de l'estime générale et de l'unanime affection qu'il sut mériter sur la terre !

Vous ne vous attendez pas, Messieurs, à ce que je suive M. Menoux dans toutes les circonstances de sa vie, à toutes les époques de la carrière qu'il a parcourue, longue si l'on parle comme jugent les hommes, mais trop courte pour ceux à qui il fut utile, pour ceux qui avaient le bonheur de le connaître, c'est dire pour ceux dont il était aimé. Partout, nous le trouverions avec ses qualités éminentes, sa bonté sans faiblesse, sa bienveillance d'un à propos si intelligent, sa générosité sympathique à tous les chagrins comme à toutes les oppressions. Je ne veux qu'esquisser à longs traits sa vie publique avant qu'il nous appartînt, à nous, Société d'Éducation. Je parlerai de lui avec plus de détails, avec plus d'assurance, quand je pourrai le dire notre collègue, notre joie et notre gloire.

Dans l'ouvrage : *Lyon statistique, historique et monumental* publié en 1852, on lit : « La Convention rendit à la ville son nom « glorieux de Lyon, sur la demande qui lui en fut présentée par « une députation lyonnaise. Un jeune et habile avocat en faisait « partie ; c'était M. Menoux, aujourd'hui et à cinquante-huit ans « d'intervalle, magistrat vénéré, et digne président de l'Aca- « démie. »

Dans l'intéressante notice qu'il a consacrée à cette illustre mémoire, M. Martin-Daussigny raconte que, pour intéresser le gouvernement en faveur de notre malheureuse ville condamnée à être appelée *Commune-Affranchie*, et pour obtenir qu'au lieu de cette dénomination dérisoire on lui rendît le nom qu'elle avait porté depuis tant de siècles, nos concitoyens nommèrent une députation qui devait porter à la Convention leurs vœux et leurs espérances ; M. Menoux fut choisi pour la présider et porter la parole.

Pour remplir cette mission délicate, il ne fallait pas seulement de l'éloquence : les armes inintelligentes de la terreur vibraient encore ; il fallait du dévoûment, du courage. Rien ne manqua dans cette circonstance au jeune président, déjà remarquable orateur. Ses énergiques paroles pour soutenir les intérêts de notre cité révèlent et promettent toute une vie de mâles vertus, de nobles sentiments. C'est ce style abondant, facile, plein d'images que nous admirions encore dans ses dernières années lorsqu'il nous était donné de l'entendre dans nos réunions particulières ou dans nos séances annuelles.

Une carrière aussi brillamment commencée devait avoir des suites non moins brillantes ; elles devaient être surtout non moins utiles. M. Menoux voua trente-quatre années de sa vie au service de ses concitoyens qu'il regardait tous comme des enfants d'une même famille. Le ciel, en lui accordant une supériorité incontestée, une imagination féconde, une haute sagesse, l'avait destiné à être le consolateur, l'ami, le père, la providence de ses compatriotes.

Comme avoué, comme avocat, il se fit remarquer dans plusieurs causes, célèbres par la manière dont il les défendit, par des succès mérités, par un rare désintéressement qui lui fit plus d'une fois prodiguer des secours à ses clients eux-mêmes ; ceux que la gloire et le besoin de faire triompher la vérité, qui était son idole, lui avaient fait regarder un instant comme des adversaires naturels, condamnés et vaincus, redevenaient ses frères.

Pour donner une idée de la rectitude de son jugement, de la clarté élégante dont il environnait ses sentencieuses appréciations, je pourrais vous citer mille passages de ses mémoires ; mais ce serait être long et prévenir d'ailleurs une publication que l'on doit attendre. Il fait partout la part à tous ; il expose les principes et en déduit les conséquences avec une netteté qui éclaire et satisfait ; il définit admirablement les droits et les devoirs en conservant toujours un respect religieux pour la loi.

Ce serait ici le lieu de raconter avec quel dévoûment M. Menoux embrassait les causes qui lui étaient confiées, son énergie dans la défense, les convenances de son langage dans la réplique, la délicatesse des éloges qu'il croyait devoir donner, et parfois sa finesse dans l'ironie dont les circonstances et le bon goût lui présentaient l'opportunité. Imaginez-vous tout ce qui fait le loyal, le bon, l'éminent avocat : saines idées défendues avec talent ; laborieuses études suivies avec constance ; philosophie s'aidant du sentiment religieux ; esprit littéraire appuyé sur une forte érudition , et tout cela dominé encore par le désir d'être utile : voilà les traits de l'homme supérieur dont nous avons l'honneur de vous parler aujourd'hui.

L'auréole d'estime et d'honorable popularité dont l'unanimité de nos concitoyens ceignait sa tête vénérée devait appeler sur lui les regards et les justes faveurs de l'autorité. Aussi M. Menoux fut-il successivement nommé conseiller de préfecture, chevalier de la Légion-d'Honneur, conseiller à la Cour, conseiller municipal. Partout, dans toutes ces fonctions, c'était toujours le même homme, au niveau de sa dignité, supérieur aux coteries ; tantôt l'organe, tantôt l'inspirateur de sages projets, de prudentes mesures ; souvent conciliateur et arbitre accepté de tous parce que, suivant l'expression de son éloquent panégyriste, M. Sauzet, il savait vivifier le droit par l'équité, se mêler au pouvoir pour le tempérer, aux partis pour les contenir. De là son influence ; et comme il ne pensait, en faisant le bien, que remplir des devoirs ou servir au triomphe du droit et de la vérité, cette magnifique position devant les hommes ne lui fit jamais oublier ce qu'il était devant Dieu. Tout dans sa personne respirait la simplicité, mais cette simplicité qui impose et fait aimer.

Il eut un défaut pourtant : c'était une susceptibilité qu'un rien alarmait, qu'irritaient l'ombre du mal, le moindre soupçon d'indifférence de la part des personnes qu'il estimait et chérissait. Vous le savez, Messieurs, la susceptibilité, c'est l'excès, l'abus de la délicatesse, la faute d'un bon cœur. On ne voudrait pas s'éloigner du bien, on ne voudrait pas tromper, on ne voudrait pas haïr surtout, et l'on redoute dans les autres ce que l'on craint pour soi-même. Le cœur de M. Menoux était ainsi fait : là, je dois m'arrêter devant des confidences amies qui, en laissant voir l'âme susceptible, dévoilaient en lui le cœur aussitôt après grand et généreux. Sa haute intelligence, son âme sympathique n'avaient eu besoin que d'un mot, d'un éclair de vérité, d'un signe d'affection ; et son ressentiment momentané était devenu un redoublement de bienveillance en faveur de ceux qui l'avaient provoqué.

Mais la bienveillance peut tenir de la faiblesse ; l'homme faible ménage celui qu'il craint ; la bonté peut avoir pour cause quelquefois la paresse de la volonté, quelquefois son impuissance.

Parler ainsi de de M. Menoux serait une calomnie. Pendant son honorable carrière, il prouva dans plusieurs occasions que, s'il était bon jusqu'à l'entraînement, il l'était toujours avec dignité, et que les circonstances le trouvaient, quand il le fallait, avec toute l'énergie du vrai courage.

En 1830 (il était alors conseiller de préfecture), l'orage des passions populaires grondait, menaçait avec violence; les insurgés allaient dicter des lois. Pendant que l'autorité croyait devoir, pour éviter des malheurs, essayer du raisonnement, de la conciliation avec les rebelles, ceux-ci, pour répondre à ces formes adoucies, demandèrent des ôtages. Le premier mouvement des administrateurs du département, du conseil de la cité fut de se refuser à cette exigence; elle semblait une concession faite au désordre, quand on avait droit de lui imposer une soumission absolue. D'ailleurs ils se demandaient lesquels d'entre eux ils pourraient consentir à livrer en quelque sorte, à exposer peut-être aux dangers les plus graves, dans un moment où ils avaient besoin de grouper leurs conseils, leur expérience, leurs personnes pour résister aux flots du torrent populaire qui s'élevaient sans cesse. Déjà il n'était plus temps de délibérer, l'orage allait éclater; Il fallait une décision prompte, un effort suprême : M. Menoux se propose pour ôtage ; il part au milieu des insultes d'une populace qui vociférait déjà son propre triomphe. Le calme inaltérable, la dignité de l'ôtage le faisaient paraître vainqueur dans les chaînes même de ceux qui se flattaient d'avoir vaincu.

Une aussi riche organisation, si fertile en talents, en mérites, en succès de tout genre, trouvait partout des admirateurs et des amis. On tenait à honneur de s'en faire connaître, d'entendre la parole de celui dont l'extérieur modeste promettait l'affabilité. Il suffisait à tout ; rien n'embarrassait son esprit élevé, son désir d'être agréable, son besoin d'être utile.

M. l'abbé Pavy (ce nom est une de nos gloires) présidait, en 1845, la Société d'Éducation. L'un des plus savants, des plus illustres prélats de l'Église de France, il parcourt, depuis cette époque, la terre de l'Algérie, neuve encore pour le catholicisme, en triomphant des antiques erreurs par son éloquente parole et de l'endurcissement du fanatisme par les prodiges entraînants de sa charité. Or, une circonstance particulière l'empêchant de venir présider notre dernière séance de 1845, celle du mois d'août, il écrivait à M. le vice-président, et le priait de le remplacer ce jour-là en ajoutant : « Veuillez dire à la So- « ciété que j'ai reçu de M. Menoux une lettre de demande en « candidature. Cette lettre, aussi spirituelle que modeste, je « fais de vains efforts pour la retrouver : la Société voudra « donc se contenter de mon témoignage appuyé par deux de nos « collègues qui ont lu cette lettre comme moi. J'espère bien que « cette élection ne sera pas renvoyée après les vacances. Il est « à la fois de bon goût et de notre intérêt de faire fléchir les « statuts, s'il y a lieu, dans cette circonstance qui nous donne « un candidat important. Je m'en rapporte sur le vote à la déci- « sion de la Société. »

Une telle candidature, de pareilles recommandations, une de- mande désirée, accueillie avant même d'être formulée, devaient avoir tout l'effet attendu de part et d'autre. Dans la même séance les formalités furent remplies ; l'unanimité des votants modifia, exceptionnellement, la sévérité des statuts qui ajournent le scrutin sur une présentation à la séance qui suit celle où elle a été produite, et M. Menoux fut acclamé membre titulaire de la Société d'Éducation. Elle était si bien faite pour lui ! Il était si bien fait pour elle !

Il nous appartenait donc, Messieurs, cet homme que se dispu- taient toutes les Sociétés savantes de notre ville, toutes les ré- unions dans lesquelles il devait être question de goût, d'art rai- sonné, d'études libérales, gracieuses, de projets utiles. Avec quel bonheur nous l'entourâmes quand il se présenta au milieu de nous, qu'il nous appela ses collègues, nous qui nous félicitions d'ac- quérir dans lui un maître, un modèle ! Il le fut, dès lors, par son respect pour les choses et pour les personnes, par la religieuse observation qu'il professait et qu'il demandait pour les règlements établis, par son exactitude à se rendre à nos séances et sa ponctualité exemplaire.

Son avis dans nos discussions sur les sujets qui se présentaient à traiter était toujours empreint de la sagesse la plus éclairée comme de la plus grande modestie. Il s'étonnait quelquefois que nous pensassions comme lui, et il se croyait obligé de nous tenir en garde contre son opinion tout en l'appuyant de tels motifs qu'il était comme impossible de ne pas l'adopter. Il n'abusait jamais de sa supériorité et de son influence, se plaçant au contraire toujours au dessous de ceux qui discutaient avec lui. Son âme bienveillante et élevée aimait à mettre en relief un mot heureux qu'il avait entendu, une pensée neuve ou féconde en applications qu'on avait formulée autour de lui. Il se regardait comme l'obligé de ses collègues quand ils avaient ou bien fait ou bien dit. Nature privilégiée, d'une exquise délicatesse, au dessus de toute jalousie, de toute malveillante pensée !

Vous vous souvenez, Messieurs, avec quel intérêt M. Menoux vous écoutait, dans nos réunions mensuelles, traitant des questions dont l'application pratique était neuve pour lui, mais dont il trouvait les principes dans un jugement sain et droit, dans l'élévation de son esprit, dans les inspirations de son cœur. Parfois il nous interrogeait avec une vraie simplicité d'enfant. Ce sont les allures du véritable savoir qui tempère sa prédominance par des formes donnant à croire qu'il a besoin, pour être éclairé, de ceux qu'il éclaire lui-même. Permettez-moi, à ce sujet, de dire ici que je conserve particulièrement dans mon cœur, avec la tendresse la plus vive d'une reconnaissance filiale, le souvenir des rapports ineffables de bonté dont je fus l'objet de la part de cet homme universellement aimé, et dont l'affection était un véritable honneur.

Je veux insister sur l'expression de *simplicité d'enfant* dont je me suis à dessein servi pour rendre la bonté modeste avec laquelle il nous parlait, et dont il trouvait le fonds dans les trésors de son cœur. Jusqu'à présent, nous l'avons vu vivant pour le public, obligé de toujours paraître ce qu'on s'accoutumait à le voir, dans une atmosphère gênante de gravité, de sérieux, de dignité : voyons-le dans son intérieur, alors qu'il peut être bon, simple, toujours et tout à son aise, savourant les satisfactions d'une vie bien employée, d'une conscience tranquille. Par les manières, par les entretiens intimes, par les goûts purs, sa vie privée était une vie toute patriarcale. M. Menoux aimait les fleurs, il les cultivait avec amour. Il aimait les enfants dont la vue lui rappelait ceux qu'il avait perdus en bas âge, avant d'avoir pu compter leurs sourires comme leurs larmes ; perte qui laissa toujours un grand vide à combler dans sa nature aimante. Les enfants et les fleurs ! dites, Messieurs, si rien mérite plus nos sympathies, si les aimer n'est pas se rapprocher de Dieu qui dit des uns : laissez-les venir à moi, et qui se complaît à semer à profusion les autres pour embellir la nature et nous la faire aimer en nous élevant à lui.

Nous nous rappelons qu'un jour nous trouvâmes notre excellent collègue au milieu des deux objets de ses douces prédilections : il avait à sa droite des fleurs près de lui ; c'étaient, sans doute celles de son parterre qu'il tenait le plus à soigner, à bien connaître pour rendre plus tard quelques amis heureux de ses observations et de ses découvertes. Il donnait, nous croyons, une leçon de lecture ; il expliquait peut-être le sujet de quelques images à une jeune enfant placée à sa gauche, dans un endroit élevé qui lui permettait de voir et de lire à la hauteur des yeux du bon maître. Il nous semble encore voir ce petit ange, au moment où nous fûmes introduit près de M. Menoux dont l'accueil était, comme d'ordinaire, tout souriant, regardant d'un œil tranquille quoique un peu étonné, l'étranger qui venait suspendre une leçon qui la captivait, et à qui elle paraissait dire : je ne crains rien, je suis bien là. C'était une scène pleine d'intérêt que ce contraste entre une tête de quatre-vingts ans, remplie de savoir et de connaissance des hommes, et cette jolie tête de six à sept ans, si gracieuse, si insouciante, et qui commençait à apprendre. Il est impossible d'oublier jamais un pareil tableau.

Une autre fois, dans une de ses promenades, M. Menoux rencontre un enfant pleurant à chaudes larmes, qui paraissait dévorer de gros chagrins et laisser à de grandes craintes l'entrée de son jeune cœur. Il venait de perdre une pièce d'argent que son père lui avait confiée, et l'aveu de cette perte allait lui valoir une correction qu'il redoutait. Le bon vieillard, qui comprenait l'enfance parce qu'il l'aimait et qu'il savait s'en faire comprendre, s'approche de l'enfant désolé. Il cherche avec lui la pièce désirée, tout en lui parlant avec bonté des soins qu'un enfant doit mettre à éviter les reproches d'un père, à conserver ce qui lui a été donné. Il lui suggère le regret de s'être privé d'un moyen de faire quelque aumône à tel pauvre qui fait partie du groupe de curieux que cette petite scène avait attirés ; et, par un ingénieux artifice, il feint d'avoir trouvé dans un endroit écarté et lui rend cette pièce, sujet de tant de larmes ; c'était sa bourse qui la fournissait. Une leçon était donnée, l'autorité paternelle préconisée, un enfant consolé, et l'homme de bien avait accompli, dans le silence de son cœur, une des bonnes actions qui lui étaient familières.

Depuis 1850, notre vénérable collègue était devenu président de la Société d'Éducation par l'unanimité de nos suffrages. Aucun de ses membres n'avait plus de droits que lui à marcher à notre tête ; il nous honorait de tout ce qui avait honoré sa vie. Après avoir longtemps refusé une dignité qui lui convenait d'autant mieux qu'il la croyait plus au dessus de lui, il consacra à l'œuvre que nous poursuivons toutes ses forces, toutes ses sympathies. Conseils, encouragements, rien ne nous manqua alors ; il mettait son bonheur à se rendre agréable à tous, et la gloire d'être utile fut plus que jamais son ambition et sa devise.

Aussi, proclamait-il en votre nom, dans une de nos séances publiques, avec ce style animé dont nous avons parlé déjà, une suite de sentences dont il faisait le code principal de l'humanité.

Il les résumait par ces mots : « Être utile à soi-même et aux
« siens, aider à l'aisance de tous, tel est le tribut demandé par
« la société et dont le riche amas est acquis à l'intérêt général. »

C'étaient de beaux jours que ceux d'une vie aussi pleine de tous
les genres de mérite, que ceux dont un monde d'amis bénissait
la durée, et qui s'écoulaient longs et purs entre la reconnaissance et l'estime générales. « C'est à des journées si religieuse-
« ment remplies que la Providence accorde la faveur d'un beau
« soir. » J'emprunte ici les paroles que M. Sauzet prononça sur
la tombe de notre illustre président. Pourquoi ne le ferais-je
pas? On ne peut espérer de dire mieux, on ne doit pas espérer
de dire aussi bien. « La sérénité du soir de la vie de M. Menoux
« fut troublée par un nuage. Il se vit interrompu dans les plus
« augustes devoirs par la nécessité d'une loi inflexible. Il fallut
« renoncer à servir la justice au moment même où une activité
« sans déclin et une expérience toujours croissante rendaient
« ses services plus précieux. Ce fut un déchirement pour lui,
« une perte pour la magistrature, une affliction pour la cité, un
« regret pour le pouvoir, un malheur pour la loi. »

Nous prîmes part, plus que personne, à ce déchirement, à cette
affliction, à ce malheur. Dans une réunion intime et fraternelle
que nous provoquâmes à cette occasion pour nous retrouver
et rester plus longtemps avec le respectable délaissé, nous nous
disions entre nous, nous lui répétions que la loi était aveugle,
que si le chef du gouvernement eût connu en personne l'homme
hors ligne qu'atteignait à Lyon le décret du 1er mars, il eût fait
en sa faveur une exception glorieuse. Nous nous plaisions ainsi
à calmer la douleur de cette âme élevée, affligée d'être méconn-
ue. Nous redoublions de soins auprès de lui, de prévenances,
d'égards ; il voyait combien il était aimé, et il oubliait, par nous,
la disgrace du sort qui privait le pays des services qu'il pouvait
rendre longtemps encore.

Au reste, ce premier moment passé qui lui avait été si sensible,
notre président sembla grandir en amabilité, en esprit d'à-pro-

pos et de convenance, en désir de rendre service par ses lumiè-
res, par ses relations anciennes, par son habitude des affaires,
par l'influence qu'il avait conquise sur ceux même qui étaient
au dessus de lui ; tout avait alors, dans cette nature heureuse,
un besoin plus pressant d'activité. Combien nous fûmes flattés
de l'entendre nous dire à cette époque qu'il renonçait à paraître
désormais dans toutes les sociétés dont il faisait auparavant partie ; que la Société d'Éducation serait seule son oasis privilégiée,
qu'il viendrait se reposer au milieu d'elle, s'y retremper dans
tout l'attachement qu'il sentait en nous.

Il nous rendait cette affection en dévoûment à tout ce qui pouvait contribuer aux succès de notre Société qu'il avait étudiée et
qu'il avait bien comprise. « La Société d'Éducation, disait-il,
« réunit les immenses avantages qui peuvent ressortir du con-
« cours d'hommes laborieux, voués à un examen sérieux des
« idées, des sentiments, des principes qui aident à constituer
« l'homme religieux et éclairé, le sujet utile et moral, le citoyen
« délicat et généreux, le travailleur actif et intelligent, le chef
« de famille bienfaisant et attentif. Ainsi, la science qu'elle adopte,
« qu'elle professe, qu'elle aime, tend à faire éclore dans de
« jeunes élèves une raison solide, des penchants honnêtes, une
« sensibilité douce, des mœurs polies et des vertus aimables·
« A coup sûr, ce sont là les fruits savoureux que doit porter
« l'arbre de vie sous lequel s'abrite l'humanité. »

C'étaient là ses dernières pensées écrites : nous pouvons dire
avec orgueil que nous en étions l'objet. Mais elles précédaient
pour nous une immense douleur ; nous étions menacés de le perdre. Ses forces physiques diminuaient d'une manière sensible ;
sa force morale et intellectuelle, toujours la même, le fit se
replier sur une carrière qu'il savait bien remplie ; il regretta
d'abord la vie qu'il voyait lui échapper. Mais, après avoir cédé à
ce premier mouvement de la nature, notre cher malade tourna
ses aspirations vers Dieu. Une longue suite de bonnes actions,
une existence presque séculaire toute consacrée à ce qui est bon,

à ce qui est beau, à ce qui est grand, devaient nécessairement le reporter vers l'auteur infiniment bon de toute beauté, de toute grandeur. Le souvenir de la mort édifiante de sa pieuse épouse qu'il avait tant aimée avait toujours été pour lui comme un flambeau qui projetait sur sa vie une teinte religieuse dont ses derniers moments devaient être embellis. Le respectable ecclésiastique, qui avait assisté sa digne compagne à l'heure douloureuse qui l'avait séparée de lui, était une société dans laquelle il se plaisait. Toujours, depuis cette époque, il lui faisait et en recevait de fréquentes visites. Leurs conversations les éclairaient mutuellement et les édifiaient. L'excellent homme du monde y retrouvait l'excellent prêtre et fortifiait son esprit de religion dans des communications intimes. A la date du 1er août 1854, M. Menoux écrivait dans son testament : « Je lègue à M. l'abbé Caron, « chanoine honoraire de la primatiale, la minime somme de « 500 fr., à la charge par ce vénérable prêtre de dire chaque « année, le 23 février (jour anniversaire de la mort de Madame « Menoux), et tant qu'il aura son saint ministère, une messe « basse à l'intention de ma chère épouse et de moi qui ai eu « la douleur de lui survivre. »

Cette même foi, dont nous nous félicitons de pouvoir montrer l'éclatant témoignage dans cet acte de donation, porta l'auguste malade à demander, à recevoir avec calme et reconnaissance, dans ses derniers jours, les secours de la religion et les consolations de la piété par les soins du prêtre vénéré qu'il connaissait bien et dont il était bien connu. Ce fut dans ses bras, après l'avoir prié avec instance de ne pas l'abandonner à ce moment suprême, qu'expira, le 31 juillet 1855, M. Menoux que ses 86 ans sur la terre ne pouvaient qu'avoir préparé aux récompenses du ciel.

Mânes chers et vénérés de notre Président, de notre ami, ai-je dit assez et d'une manière digne de vous, digne de nos collègues qui m'ont chargé d'être leur interprète, l'immensité de la perte qu'ils ont faite en vous perdant, les regrets inconsolables que vous avez laissés parmi nous qui vous avons mieux connu, les exemples de votre honorable vie? Tous les âges, toutes les positions peuvent y puiser d'utiles enseignements. Jouissez du bien que vous avez fait, du bien que votre souvenir peut faire encore; car les tendres, les respectueux sentiments que vous inspiriez sur la terre, vous suivent au delà de ce monde qui n'oublie pas toujours.

A. BRUN,

Ancien bibliothécaire de la ville de Saint-Étienne.

Lyon. —Imprimerie d'Aimé VINGTRINIER, quai Saint-Antoine, 56.